GUERRE DE 1870-1871

TROIS COMBATS

PAR

M. L'ABBÉ ODIEUVRE

Chanoine honoraire
Directeur de la *Semaine Religieuse* d'Évreux
Ancien Aumonier des Mobiles de l'Eure

Moulineaux, 30 décembre 1870.
Le Château-Robert, 31 décembre 1870.
La Maison-Brûlée
et Bourgtheroulde, 4 janvier 1871.

ÉVREUX

IMPRIMERIE DE L'EURE

1888

TROIS COMBATS

GUERRE DE 1870-1871

TROIS COMBATS

PAR

M. L'ABBÉ ODIEUVRE

CHANOINE HONORAIRE
DIRECTEUR DE LA *Semaine Religieuse* D'ÉVREUX
ANCIEN AUMONIER DES MOBILES DE L'EURE

Moulineaux, 30 décembre 1870.

Le Château-Robert, 31 décembre 1870.

La Maison-Brûlée
et Bourgtheroulde, 4 janvier 1871.

ÉVREUX

IMPRIMERIE DE L'EURE

L. ODIEUVRE

—

1888

Préface

La guerre de 1870-1871 n'appartient pas encore à l'impartiale histoire; les appréciations fausses, les soupçons injustes soulevés par nos désastres n'ont pas entièrement fait place à une connaissance exacte des faits.

Et pourtant toute une génération s'élève qui a plus de vingt ans, qui les ignore et a droit de les connaître.

Aussi publions-nous volontiers trois des discours que notre qualité d'ancien aumônier des mobiles de l'Eure nous a valu de prononcer en diverses circonstances.

Ils ont, dans l'exposé des faits, le mérite de l'exactitude.

Nous les dédions à la mémoire de ceux dont nous avons été, pendant plusieurs mois, l'inséparable compagnon, et qui sont tombés sous les balles de l'ennemi ou sous les coups de la maladie.

Nous les dédions à ceux qui, plus heureux, ont survécu à tous ces combats et à toutes ces fatigues.

Evreux, le 5 juin 1888,

L. Odieuvre,
Ancien Aumônier des Mobiles de l'Eure.

Historique

Le régiment des mobiles de l'Eure arriva à Bourgtheroulde, le 27 décembre 1870. Il y fut rejoint par les mobiles de l'Ardèche et des Landes, un peloton de cavalerie, plusieurs compagnies de francs-tireurs et une batterie d'artillerie.

Le 30 décembre, le 3ᵉ bataillon, comprenant les mobiles de l'Arrondissement d'Evreux, reçut l'ordre de prendre le Château-Robert, occupé par l'ennemi. Cette position, située dans la forêt de La Londe, commandait la vallée de la Seine.

Parti de Bourgtheroulde à 8 heures du matin, le 3ᵉ bataillon arriva au Château-Robert, par des chemins détournés et sous bois, vers 1 heure après-midi et délogea rapidement les Prussiens qu'il poursuivit.

Malheureusement une erreur devait terminer par un désastre une journée jusque là si bonne. Les cavaliers qui servaient d'éclaireurs se trompèrent de route dans Moulineaux. Ils tournèrent sur la gauche vers la Bouille, et se trouvèrent ainsi derrière les mobiles, qui, les croyant en avant, s'élancèrent sur la droite, pleins de confiance, vers Grand-Couronne.

L'ennemi y était en forces; il laissa nos soldats approcher à cinq ou six cents mètres d'une batterie de gros calibre, établie à mi-côte, sur la route de Grand-Couronne à Elbeuf et les mitrailla.

L'attaque des positions ennemies était impossible, la retraite retardée par la neige ; nos pertes furent sensibles. C'est à cette malheureuse affaire que le lieutenant Conrad de Champigny, eut la jambe fracassée par un obus : il ne survécut pas à l'amputation pratiquée quelques jours après.

Le lendemain matin, l'ennemi revint en forces et reprit le Château-Robert, après un combat acharné. Les compagnies de francs-tireurs qui le gardaient, et, entre autres, la compagnie des franc-tireurs d'Evreux, furent fort maltraitées.

Le 2e bataillon des mobiles de l'Eure reçut l'ordre de reconquérir la position perdue. Les capitaines de Bonnechose et des Maisons l'enlevèrent à la tête de leurs compagnies ; le capitaine de Bonnechose fut blessé. Un bataillon des mobiles de l'Ardèche prit part à l'action.

A la suite de ces différentes affaires, le château de la Maison-Brûlée, provisoirement transformé en ambulance, fut encombré de morts et de blessés.

Les mobiles de l'Eure, épuisés de fatigue, rentrèrent à Bourgtheroulde et furent remplacés aux avants-postes par les mobiles de l'Ardèche ; les mobiles des Landes restèrent en seconde ligne.

Ces attaques réitérées avaient inquiété l'ennemi. Il détache une partie de l'armée opposée à Faidherbe et l'envoie à Rouen.

Dans la nuit du 3 au 4 janvier, à 2 heures du matin, vingt-deux mille hommes et quarante pièces de canon quittent cette ville pour attaquer le petit corps d'armée français, campé d'Elbeuf à Saint-Ouen-de-Thouberville, de Bourgtheroulde à la Maison-Brûlée. Il comprenait environ six mille hommes, avec quatre pièces d'artillerie, et était, ainsi qu'on le voit, dispersé sur une étendue considérable.

A 6 heures du matin, les mobiles de l'Ardèche sont attaqués et écrasés ; malgré leur bravoure, ils sont obligés de se retirer, semant de cadavres la route de la Maison-Brûlée à la gare de La Londe, et la forêt. Les mobiles des Landes ont le même sort. Sans le brouillard, qui après avoir favorisé l'attaque des Prussiens, couvrait la retraite des Français, il ne serait rien resté du corps d'armée français.

A la nouvelle du désastre, plusieurs compagnies des mobiles de l'Eure reçoivent l'ordre de se porter en avant de Bourgtheroulde et de ralentir, coûte que coûte, la marche de l'ennemi.

Un nouveau combat s'engage alors; nos soldats, tirant à petite distance sur l'ennemi qui s'avançait en masses profondes, lui fait subir des pertes considérables. Le combat s'engage à la baïonnette; c'est alors que M. de Saint-Foix, du 1er bataillon des mobiles de l'Eure, est blessé et fait prisonnier avec une partie de sa compagnie.

Débordés de toutes parts, les mobiles combattent en se repliant, et rentrent à Bourgtheroulde où ils tentent un dernier effort. Embusqués derrière l'église, à l'angle des maisons, dans l'enfoncement des portes, ils arrêtent encore quelque temps l'ennemi; mais le capitaine Pascal, des francs-tireurs de Caen, est tué, le capitaine de La Brière, du 3e bataillon des mobiles de l'Eure, reçoit en pleine poitrine une balle, qui le renverse, et il ne doit son salut qu'à une circonstance providentielle, vingt autres tombent : un seul chemin est encore libre pour la retraite; le reste du corps d'armée était en sûreté. Alors la poignée de braves qui avait défendu Bourgtheroulde se retire. Nos blessés et nos tués encombrent l'Hôtel-de-Ville, et le lendemain un long convoi de blessés prussiens apprit aux habitants de Rouen que si nos soldats n'avaient pu vaincre, ils avaient su combattre.

Ils avaient si bien combattu que l'ennemi se refusait à croire qu'il n'avait eu en face de lui qu'un *si faible adversaire*.

Une partie de nos soldats, victimes des combats de 3o, 31 décembre et 4 janvier, avaient été inhumés dans le cimetière de Saint-Ouen-de-Thouberville. M. Power, lieutenant-colonel des mobiles de l'Eure et maire de Saint-Ouen-de-Thouberville, ne voulut pas laisser sans honneurs la tombe de ces braves : par son initiative, un monument fut élevé dans le lieu où reposaient leurs corps. C'est à l'occasion de la bénédiction de ce monument qu'a été prononcé le premier discours.

Il convenait aussi de marquer l'endroit où était tombé cet aimable et si regretté Conrad de Champigny : les officiers du 3e bataillon des mobiles de l'Eure y ont érigé une croix, dont la bénédiction a été l'occasion du deuxième discours.

Enfin la reconnaissance publique voulut consacrer par un monument l'héroïsme des combattants de Château-Robert, de la Maison-Brûlée, de Moulineaux et de Bourgtheroulde. Il s'élève majestueux, au centre même de la contrée, témoin de ces combats. Les annales de notre pays contiennent le récit de la grandiose cérémonie, qui en a marqué l'inauguration, devant plus de vingt mille assistants. A la fin d'octobre 1876, les ossements des soldats inhumés dans tous les environs, ont été pieusement recueillis et placés dans le caveau du monument. Deux de nos plus glorieux soldats, l'amiral de La Roncière-le-Noury et le général Pellé, étaient présents à cette cérémonie funèbre, à laquelle étaient accourus plusieurs milliers de personnes : c'est en cette circonstance qu'a été prononcé le troisième discours.

Discours

PRONONCÉ
A LA BÉNÉDICTION DU MONUMENT
ÉLEVÉ DANS LE CIMETIÈRE DE SAINT-OUEN-DE-THOUBERVILLE
SUR LA TOMBE DES SOLDATS
TUÉS AU CHATEAU-ROBERT, LE 31 DÉCEMBRE 1870.

Nequaquam, ut mori solent ignavi, mortuus est.
Il n'est pas mort comme meurent les lâches.
(2. liv. du Rois. 3.)

S'IL nous reste, mes frères, une consolation et un espoir, après toutes les douleurs et tous les désastres, qui nous ont accablés, et, en ce moment, remplissent nos âmes de tristesse et d'inquiétude, c'est le souvenir de nos soldats et de leur mort. Malheureux souvent, ils ont été partout héroïques, ils ont sauvé, au prix de leurs souffrances et de leur vie, ce qui n'a jamais péri dans notre pays, l'honneur français ; ils sont morts en chrétiens, employant le dernier souffle de leur vie au salut de leur âme, et voilà, mes frères, ce qui doit rendre nos regrets moins amers, et notre espérance plus grande. Ah ! sans doute, ils sont morts, mais non pas comme meurent les lâches ; ils n'ont pas failli au courage de leurs ancêtres ; ils n'ont pas interrompu la tradition de bravoure, qui, depuis douze siècles, se transmet en notre pays de générations en générations. Ils sont morts, mais non pas comme ceux qui croient mourir tout entiers ; au seuil de cette vie, ils ont entrevu la vie éternelle, ils ont, par leur foi, déposé dans leur corps le germe de la résurrection glorieuse; en deux mots, ils ont été des braves et des chrétiens.

Le malheur rend souvent injuste, et, mes frères, c'est ce qui est arrivé en France après nos revers inouis. Nous n'avons pas à rechercher ici la cause de nos désastres. Mais ce qui devait rester à l'abri de toute accusation, de toute récrimination, de toute insulte, c'était le courage de nos soldats, leur courage dans la fatigue et dans le combat; il n'a pas failli. Et pour ne parler ici que de ceux sur lesquels nous sommes venus aujourd'hui verser nos éloges, nos larmes et nos prières et de leurs compagnons, qui plus heureux ont survécu à toutes ces fatigues et à tous ces combats, que n'ont-ils pas souffert! Les voilà, à peine vêtus, à peine chaussés, à peine nourris, parcourant jour et nuit des chemins rendus impraticables par la pluie et la neige; les voilà disputant chaque instant de leur existence à la fatigue, au froid, quelquefois à la faim, et cela, non pas une semaine, non pas un mois, mais pendant cinq longs mois d'hiver. Les ennemis, quoique habitués au rude climat du Nord, sont bien vêtus, ils ont la nourriture en abondance, ils savent toujours trouver des toits où s'abriter, et le lit de nos soldats, ce sont les neiges de la forêt de La Londe. Et pour se soutenir, ils n'avaient même plus l'espoir.

L'espoir était depuis longtemps perdu. Les armées ennemies, ou plutôt la nation ennemie s'était jetée tout entière sur la France, l'avait du premier coup privée de presque tous ses plus habiles chefs, de ses soldats les plus aguerris; il n'y avait plus d'espoir; l'honneur seul était sauf; l'honneur seul fut sauvé, et il le fut parceque, chefs et soldats, confondant dans un même patriotisme, leur dévouement et leur énergie, supportèrent sans s'en épargner une, toutes les souffrances que l'honneur leur imposait. Mais là ne parut pas seulement leur courage, et, quand le jour fut arrivé, ils montrèrent que, s'ils savaient souffrir, ils savaient aussi combattre. O collines de la Seine, ruines du Château-Robert, forêts et villages qui nous entourez, vous pourriez nous redire ce qu'ils firent en ces jours tristement mémorables, où une poignée de mobiles et de francs-tireurs marchèrent avec une audace et une ardeur, qui approchait de la témérité, à la délivrance de Rouen. Ils n'étaient pas tous de la Normandie, il en était venu de lointains pays aider les mobiles de l'Eure dans cette hardie expédition. Déjà le 30 décembre, date funèbre pour nous, les mobiles d'Evreux avaient arrosé de leur sang la route qui conduit à la capitale de la Normandie ; ils s'étaient retirés sous la mitraille, emportant leurs blessés, et la mort avait marqué parmi eux des victimes de choix. Fortune, noblesse, dévouement, jeunesse, intelligence, rien n'avait pu l'arrêter, elle a causé en ce jour une de ces douleurs qui n'ont pas de fin sur la terre ; les mobiles avaient triomphé, mais au prix de bien des larmes. Le lendemain 31, la journée commença bien calme ; le calme avec de tels ennemis était toujours suspect. Vers midi, se glissant à travers cette épaisse forêt au milieu de laquelle veillaient quelques francs-tireurs et quelques mobiles ; ils firent pleuvoir sur eux une grêle de balles, et malgré leurs héroïques efforts, les enveloppèrent. Que pouvaient-ils un contre dix ? Mourir. Mais leurs corps qui reposent sous ce monument, que nous allons bénir, ne pouvaient pas rester au pouvoir de l'ennemi ; on ne pouvait abandonner une position si habilement conquise la veille, et alors, pleins d'une noble émulation, mobiles de l'Eure et de l'Ardèche, se précipitèrent à l'envi pour arracher à l'ennemi ces ruines où tant de sang avait déjà coulé, et pour la seconde fois, ils en restèrent les maîtres. Il serait difficile d'oublier jamais le spectacle qu'elles présentaient à la fin de cette lutte acharnée de quatre heures. La neige avait disparu sous les pieds de combattants, sous le sang des morts et de blessés, çà et là des morceaux de vêtements, de képis, de casques, de fusils et des cadavres, et pour donner à ce spectacle son dernier cachet de désolation, l'ennemi avait mis le feu à tout ce qui pouvait brûler. Cinq jours après, il devait revenir, mais ce fut à flots que le sang coula au combat du 4 janvier. Après ce combat du 31 décembre, où le courage de nos soldats triompha du nombre, pour la dernière fois, hélas! nos blessés reçurent une hospitalité généreuse dans ce château de la Maison-Brûlée, dont les possesseurs ont mérité en ces tristes jours la reconnaissance de tous (1). Le lendemain, nos morts étaient dans cette église; Evreux, Saintes, le Puy de Dôme et les Landes avaient là de leurs enfants. Ils étaient morts au poste de l'honneur; ils méritaient par leur courage de solennelles funérailles, ils méritaient qu'un monument demeurât pour témoigner de leur dévouement et de leur bravoure; mais l'ennemi était là; il fallut remettre à un autre temps les manifestations de la reconnaissance et du deuil publics, et nos soldats, couchés dans ce cimetière, attendaient qu'une pierre fût placée sur leur tombe, pour apprendre aux âges futurs qu'ils avaient combattu et qu'ils étaient morts pour leur pays. Le colonel, dont l'inquiète sollicitude, avait dans la mesure du possible, soulagé les soldats pendant leur vie, ne les a pas abandonnés après leur mort; et le pasteur de cette paroisse, (2) qui, au milieu de toutes ces épreuves, avait montré ce que peut le patriotisme joint au sacerdoce, s'est réuni dans une même pensée avec les habitants de ce bourg, et nous allons assister à la bénédiction du monument qu'ils ont élevé à la mémoire de nos soldats. Mais, nos soldats ne sont pas seulement morts en braves, ils sont de plus morts en chrétiens.

Dans les temps malheureux où nous vivons, si nous nous

---

(1) M. Delaville habite encore actuellement le château de la Maison-Brûlée.
(2) M. l'abbé Larcher, actuellement curé-doyen de Bourgtheroulde.

arrêtons à la surface des choses, si nous jugeons les hommes par leur conduite, nous serons effrayés de l'indifférence, je pourrais presque dire universelle, en matière de religion. Quel rôle joue encore la religion dans la vie de la plupart des hommes et quelle influence a-t-elle sur leurs actions ? Quels actes de vertu leur fait-elle accomplir ou quels plaisirs coupables arrête-t-elle ? On pourrait croire, en considérant la vie de beaucoup d'hommes, que, pour eux, il n'y a pas, il n'y aura jamais de Dieu. Heureusement, il arrive dans la vie un moment où ce voile d'erreur se déchire, où l'homme, sur le point de se voir arraché pour toujours à ses honneurs, à ses richesses, à ses plaisirs, se réfugie dans le sein de celui qui seul peut donner un éternel bonheur, et l'on est tout surpris de trouver la foi vivante, ardente quelquefois, en des cœurs où elle semblait morte. C'est surtout lorsque le corps, frappé subitement, n'a pu par une longue maladie affaiblir la vigueur de l'âme, que l'on voit ces réveils subits de la foi, ces transformations du cœur, ces élans d'amour vers le Dieu qui reste le seul espoir. C'est surtout dans les âmes franches et loyales comme celle des soldats, que l'on admire cette sincérité, cette ardeur du sentiment religieux. Quelle avait été la vie précédente de nos morts ? je l'ignore. Avaient-ils su conserver intact le dépôt de la foi et résister à l'indifférence, au mauvais exemple, au respect humain ? Avaient-ils continué de prier le Dieu de leur enfance ? S'étaient-ils abstenus de ces fautes où l'on tombe après l'abandon de Dieu, ou qui sont la cause de cet abandon ? Le souvenir et la prière d'une mère chrétienne les avaient-ils suivis et protégés au milieu des camps, dans le tumulte de la guerre, en un mot, comme plusieurs autres, étaient-ils restés véritablement chrétiens ? Ou bien s'étaient-ils laissé entraîner à l'attrait des plaisirs ? Et avaient-ils oublié le Dieu de leur première communion, et ne s'étaient-ils souvenus de lui que pour le maudire et le blasphèmer, en un mot, avaient-ils, comme tant d'autres, vécu dans l'indifférence ou le vice ? je n'en sais rien ; mais ce que je sais, c'est qu'au moment de la mort, leur foi s'est montrée avec une telle vivacité que je n'ai, au lit de mort, jamais rien trouvé de semblable. Il me semble voir encore la douce et pâle figure d'un franc-tireur de Saintes, grand et beau jeune homme, dont la mort transfigurait plutôt qu'elle ne défigurait les traits ; il retenait mes mains dans ses mains défaillantes, voulant que je prie avec lui jusqu'à son dernier soupir ; un autre, des Landes, soulevé sur son lit, priait les mains jointes, quand la mort le saisit et le coucha pour toujours. Les autres craignaient que la mort n'arrivât avant le prêtre, ils hâtaient sa venue de leurs vœux, de leurs signes, quelquefois de leur voix. Enfin ils sont tous morts en paix avec Dieu. Qu'elles se consolent donc les familles de nos morts ; elles les retrouveront un jour, non pas au milieu des tristesses et des dangers de cette vie, mais dans cet inaltérable bonheur du ciel, récompense de leur courage, de leur mort chrétienne, et aussi de nos prières pour eux. Et pour nous, mes frères, tirons de cette mort une grande leçon. Si la religion a le pouvoir d'adoucir ainsi les derniers moments, croyons bien qu'elle a le pouvoir de rendre l'existence plus heureuse ; si elle peut calmer les douleurs de la mort, soyons sûrs qu'elle peut aussi calmer les douleurs de la vie ; si elle doit être, à nos derniers moments, notre seul refuge, notre seul espoir, notre seule consolation, ah ! respectons-la, pratiquons-la, et n'attendons pas pour aller lui demander un peu de bonheur ici-bas, que nous soyons arrivés au seuil de l'éternité, et puisque Dieu veut nous donner une éternité de bonheur, soyons assez généreux pour lui offrir autre chose que les derniers moments d'une vie qui nous échappera malgré nous.

La mort de nos soldats doit donc être pour nous une consolation, car ils sont morts en braves, ils sont morts en chrétiens, et nous les retrouverons un jour; c'est notre espoir. Mais il est un autre espoir que cette mort courageuse et chrétienne doit mettre au plus profond de nos âmes, c'est que tant d'héroïsme aura enfin sa récompense. Tous ces monuments, élevés par la France à ses enfants morts pour la défendre, l'exemple de tant de soldats chrétiens qui sont ou seront bientôt avec Dieu, exciteront dans les âmes un double sentiment de courage et de foi, qui seul peut sauver notre pays. A ceux que Dieu destine à la revanche, qu'il a marqués pour relever la France de son abaissement, nos soldats, du fond de leur tombe, enseignent le courage dans la fatigue et dans le combat, et à nous tous ils enseignent la foi, qui est la véritable force de l'homme sur la terre, et sa seule consolation à ses derniers moments. Ah! oui, c'est un espoir que nous devons garder jusqu'à notre dernier souffle; la France se relèvera un jour par le courage et la foi de ses enfants, elle ne peut se relever autrement; et nos morts auront été pour quelque chose dans ce triomphe; car ils auront fortifié en nous ce courage et cette foi, et dans ceux qui viendront après nous, s'il ne nous est pas donné à nous de voir de nouveau la France grande et glorieuse; et dès maintenant, les pères doivent dire à leurs enfants qui leur demanderont quel est ce monument guerrier: « Mes enfants, dans les jours où nous gémissions sous le joug de l'ennemi, une poignée de braves voulut nous délivrer, ils ne le purent pas; et ceux qui périrent sont couchés sous cette pierre. Les hommes les ont récompensés de leur courage, à Dieu maintenant de les récompenser de leur vertu. » Quelqu'aient été ce courage et cette vertu, nous ne sommes pas sûrs que Dieu les ait trouvés assez grands pour accorder à nos chers morts l'entière rémission de leurs fautes, aussi à nos éloges et à nos larmes, nous devons joindre nos prières, pour que Dieu leur donne enfin, s'ils ne l'ont pas encore, le repos éternel. Ainsi soit-il.

Discours

PRONONCÉ
A LA BÉNÉDICTION D'UNE CROIX
ÉRIGÉE SUR LE LIEU OU FUT MORTELLEMENT BLESSÉ
LE COMTE CONRAD DE CHAMPIGNY
ENTRE MOULINEAUX ET GRAND-COURONNE.

MESSIEURS,

Votre présence en ce lieu, témoin du triste et glorieux combat du 30 décembre, réveille nécessairement en nous des souvenirs que nous pouvons évoquer sans honte, mais non pas sans douleur; sans honte, car six cents mobiles de l'Eure se sont avancés jusqu'ici, à la poursuite d'un ennemi qui, non content de la supériorité du nombre et des armes, sut se rendre invisible, et faire pleuvoir en sûreté la mitraille au milieu des rangs pressés de nos soldats; mais non pas sans douleur, car la terre que nous foulons a été arrosée de leur sang, et ce jour restera en notre âme comme un jour de deuil et de regrets. Dans une autre circonstance, j'ai pu, Messieurs, raconter plus en long les combats, dans lesquels votre courage s'était également montré, et, en le faisant, j'ai rempli un devoir et j'ai soulagé mon cœur, souvent attristé par d'injustes accusations contre vous; aujourd'hui, je me bornerai à vous rappeler cet épisode de notre campagne qui a pris le nom de combat de Moulineaux, et, surtout à vous parler de notre cher et infortuné Conrad, Comte de Champigny.

Il était jeune, il était riche, il était noble, il avait ces dons de l'esprit et du cœur qui font aimer ; il était la joie et l'orgueil de son père et de sa mère, qui voyaient briller en lui les plus heureuses qualités, et espéraient qu'il serait le digne héritier de leur générosité et de leur vertu. La guerre éclate, foudroyante, terrible, désastreuse ; la France envahie fait appel à ses enfants. Conrad de Champigny, quoique incapable de supporter la fatigue et la marche et qui aurait pu rester tranquille dans le château de ses pères, n'écoute que les nobles sentiments de son cœur, et comme autrefois Mathathias à la vue de Jérusalem envahie, il considère les maux qui accablaient ses frères, et comme lui, il se dit : « Suis-je donc né pour voir l'affliction de mon pays, le renversement de la ville, et rester tranquillement assis, lorsqu'elle est livrée aux mains des ennemis. Ses jeunes hommes sont tombés sous l'épée de leurs ennemis ; toute sa magnificence lui a été enlevée ; ce que nous avons de saint, de beau, d'éclatant a été profané par les barbares, la nation libre est devenue esclave ; pourquoi vivre encore ? » Ces paroles de nos livres saints, il ne les connaissait probablement pas, mais ces sentiments étaient dans son cœur, comme dans les vôtres, comme dans tous les nobles cœurs. En présence des malheurs de la patrie, une généreuse indignation le transporta ; il abandonna tout, richesses, aises de la vie, plaisirs, famille, pour offrir à son pays violé ce qu'il avait de forces et de courage. Si j'ai pu dire de vous tous que vous aviez été héroïques, en supportant sans faiblesse les incroyables fatigues de cette triste guerre, je le dois dire surtout de notre infortuné Conrad de Champigny. Simple soldat, il eût quitté bien vite un corps d'armée où la fatigue et les privations étaient de chaque jour et de chaque instant, parcequ'il aurait dû obéir ; officier, il résista à toutes les sollicitations, à toutes les instances, et il marcha, que dis-je, il se traîna jusqu'ici, jusqu'au lieu où à tous les sacrifices, il lui fallut ajouter celui de sa vie. On ne voit plus en ces lieux les traces du combat du 30 décembre; les arbres ont pansé leurs blessures, les murs ont réparé leurs brèches; ce qui reste encore, ce sont les ruines humaines qu'il a faites. Il m'a été donné de vous accompagner dans toutes vos fatigues et vos dangers : aucun souvenir ne m'est resté plus douloureux que celui du 30 décembre, et je crois qu'il en est de même pour vous. Depuis trois mois, officiers et soldats du 3ᵉ bataillon des mobiles de l'Eure, formaient une véritable famille ; la confiance et le dévouement étaient en même temps les lois qui la régissaient et les sentiments qui l'animaient, et voilà qu'en quelques minutes, alors que nous devisions joyeusement et tranquillement sur le succès obtenu, de cette colline arrive la mort, et quatorze membres de ce corps si uni sont frappés, et nos amis, je dirais presque nos frères tombent à nos côtés sanglants et cruellement blessés. Que faire pour eux? Nous étions dans la neige, sous la mitraille. Ce fut derrière ce mur, seul et dérisoire refuge contre les obus, que vous les transportâtes, et que je pus leur donner ces secours de la religion, que pendant la vie, on néglige trop souvent, mais qui sont tout à l'heure de la mort. Ils le comprirent, Conrad de Champigny surtout. A peine l'horrible blessure de sa jambe broyée lui eût-elle permis de se rendre compte de ce qui se passait, qu'il me demanda l'absolution, et il se confessa sur son lit de neige, au milieu de ses cruelles douleurs, du tumulte et des dangers du combat: son exemple fut suivi par les autres blessés. Mais Dieu lui réservait d'autres souffrances : souffrances du transport, souffrances de l'amputation, et, oserai-je le dire, souffrances de se retrouver en si triste état au milieu des siens, car on souffre alors de la douleur de ceux que l'on aime et qui vous aiment ; en un mot, car il est inutile de retourner en vos cœurs le glaive de ces tristes souvenirs, il eut quinze jours de martyre, avant de quitter cette terre, sur laquelle tout lui avait souri, et cette existence commencée par tant de bonheur, et à laquelle tant de bonheur semblait réservé, se termina ainsi prématurément au milieu de la douleur, et il n'est pas de cœur qui ait refusé des larmes au sort de l'unique héritier de cette noble famille, et à ses parents, voués jusqu'à la mort à la tristesse de l'isolement et au regret d'espérances si vite, si irréparablement perdues.

Les consolations, Messieurs, sont bien difficiles à de pareilles douleurs; la raison reste muette ou n'est pas écoutée; la religion seule a la parole, et seule, elle a pu verser quelques gouttes de baume sur cette inguérissable blessure. Si Conrad de Champigny, au lieu de tomber glorieusement au champ d'honneur, se fut éteint dans les plaisirs, comme tant d'autres, hélas! S'il avait usé sa vie non pas au service de son pays, mais au service des passions, sa mort n'aurait laissé en nos âmes que le regret de ses faiblesses et d'indignes égarements. S'il avait été enlevé par la maladie, car elle enlève à tout âge, le jeune homme plein de vigueur et d'avenir, aussi bien que le vieillard arrivé au terme de sa carrière, nous aurions pleuré en lui la perte d'une belle intelligence, d'un noble cœur, d'un ami toujours gai; son nom eût été gravé sur le marbre de son tombeau; mais, Messieurs, je ne vous fais pas injure en vous disant qu'il y serait resté plus longtemps que dans votre pensée, car rien n'eût distingué sa mort des morts vulgaires, rien n'eût fixé en vous son souvenir, rien n'eût buriné en vos cœurs cette douce et désormais inaltérable figure qui ne s'effacera plus de votre souvenir. Il meurt au service de son pays, et voilà que sa louange est dans toutes les bouches, son souvenir dans toutes les mémoires, et qu'il prend place dans l'histoire et sur la pierre de notre pays à côté de ceux dont les noms iront de siècle en siècle, immortalisés par le dévouement et le sacrifice; et ceux qui passeront par ce chemin en voyant cette croix blanche qui surmonte, protège et bénit le nom de Champigny, apprendront de vous, habitants de ce pays, ce qu'il fut, ce qu'il fit et ce qu'il souffrit.

Mais, Messieurs, il est une autre pensée plus religieuse, et, pour cela, plus consolante. Notre premier bien terrestre est notre patrie, puisque la religion est un bien céleste, et dès lors notre premier devoir est de nous sacrifier tout entiers à sa défense. Mais à l'accomplissement de tout devoir est attachée une récompense proportionnée, pas toujours en cette vie, toujours en l'autre. Ah! nous touchons ici du doigt l'immortalité de l'âme; les dévouements, les sacrifices inconnus ou sans récompense ici-bas doivent recevoir en l'autre vie la gloire et le bonheur qu'ils ont mérités : c'est ce qu'exige la justice de Dieu.

Permettez-moi de terminer par un souvenir personnel; je puis vous le dire, Messieurs, car nous sommes ici presque en famille. Il y a trois ans, je me trouvais à Rome, c'était alors la ville de tous, puisqu'elle était la ville du Pape, et pas encore la capitale déshonorée de ses tristes maîtres d'aujourd'hui. Le prieur d'un vieux couvent de Franciscains me donna comme souvenir le portrait d'un saint religieux vénéré dans cet ordre, c'était du Père Honoré de Champigny, de la même famille que Conrad de Champigny. Quel rapprochement, Messieurs, entre ces deux hommes issus d'une même race, laissant tous les deux une mémoire honorée par les hommes et précieuse devant Dieu : l'un se détache chaque jour des joies, des plaisirs du monde, il pratique les humbles vertus du cloître, sa vie est un long sacrifice, il meurt plein de jours et de vertus. L'autre expose ces joies et ces plaisirs à une brusque perte; il meurt à l'entrée de la vie, sacrifiant d'un seul coup ses espérances de la terre; l'un vit, obscur défenseur de la société et de la religion, l'autre meurt, au champ de l'honneur, en défendant son pays. C'est que, Messieurs, entre le prêtre et le soldat, il y a plus d'un point de ressemblance; tous les deux vivent et meurent, quand il le faut, pour les autres; tous les deux, défenseurs à titre divers, de leur pays. De cette similitude de mission, naît une certaine ressemblance de caractère, et souvent une amitié dont j'ai fait avec vous, Messieurs, pendant six mois, la douce expérience.

Le temps des dévouements n'est pas encore passé, Messieurs. Sans doute la France ne vous demande pas en ce moment de la défendre contre ses envahisseurs, mais contre les ennemis qu'elle porte dans son sein plus dangereux pour elle que ses ennemis du dehors, car ils tarissent la source même de sa prospérité, en détruisant, autant qu'il est en eux le respect de l'autorité, de la propriété, et les principes sociaux et religieux qui ont fait pendant mille ans la grandeur de notre pays. Votre patrie vous demande donc d'user de votre fortune, de votre influence, de votre intelligence, toutes choses si grandes et si belles, pour répandre et protéger l'honnêteté, la justice, la vertu, la foi, bases nécessaires et seules solides de la prospérité des nations. Et un jour, Messieurs, si la France reprend son épée, cette fois avec plus de bonheur, espérons-le, elle vous trouvera prêts à de nouveaux dévouements; et pour combattre en braves, vous vous souviendrez de ce que vous avez été, et pour souffrir et mourir, s'il le faut, vous vous rappellerez Conrad de Champigny.

Discours

PRONONCÉ LE 26 OCTOBRE 1876
LORS DU TRANSPORT DANS LE CAVEAU
DU MONUMENT DE LA MAISON-BRULÉE
DES RESTES DES SOLDATS TUÉS EN DÉCEMBRE 1870 ET JANVIER 1871

> « *Viventne ossa ista ?*
> « Ces ossements revivront-ils ? »
> « EZÉCHIEL. »

En venant aujourd'hui répandre sur les ossements de nos soldats une dernière bénédiction et une dernière prière publique, nous accomplissons, mes frères, un grand acte de foi, un grand acte de reconnaissance, un grand acte de patriotisme : ce sont les trois pensées que je veux vous développer brièvement.

Notre premier bien terrestre est notre patrie, puisque la religion est un bien céleste, et dès lors, notre devoir est de nous sacrifier tout entiers à la défense de ce don de Dieu que nous appelons la patrie ; et, quoi qu'il soit arrivé, et quoi qu'il arrive, ne nous plaignons pas de la nôtre : elle a été malheureuse, espérons qu'elle ne le sera pas toujours. Si le Lapon aime ses glaces, si l'Arabe défend le sable de ses déserts, parce que Dieu les lui a donnés, parce qu'il a mis entre eux et lui ce lien mystérieux qui attache toujours l'homme au pays qui l'a vu naître, combien plus ne devons-nous pas aimer et défendre ce pays de France, le plus beau après celui du ciel, pour parler comme nos vieux auteurs.

Ce sentiment patriotique est si profond dans les cœurs, que, lorsque la patrie est en danger, lorsqu'elle est vaincue, envahie, on voit surgir d'innombrables dévouements, le paysan quitter sa paisible chaumière, l'ouvrier son atelier, le riche sa splendide demeure, le noble l'antique manoir de ses pères, tous leur famille qu'ils ne reverront peut-être plus, pour s'exposer à la mort, et sauver, au prix de leur vie, s'il le faut, cette grande chose, ce grand bien qui s'appelle la patrie. Ah! c'est que la patrie, c'est plus qu'un mot, un mot n'engendre pas de pareils sacrifices ; la patrie, c'est ce qui nous donne un nom, une langue, un passé, un avenir sur la terre ; la patrie, c'est la fortune de tous, le bonheur de tous, l'honneur de tous ; voilà pourquoi nous devons lui sacrifier ce qui nous est particulier, notre repos, notre santé, notre fortune, notre famille, notre vie. Mais, mes frères, à l'accomplissement de tout devoir est attachée une récompense proportionnée, pas toujours en cette vie, toujours en l'autre ; et nous touchons ici du doigt l'immortalité de l'âme ; produits par le sentiment chrétien, les dévouements, les sacrifices inconnus ou sans récompense ici-bas doivent recevoir en l'autre vie la gloire et le bonheur qu'ils ont mérités, c'est la justice de Dieu qui l'exige. Arrière les froids et désolants déclamateurs qui insinuent le contraire, arrière les amateurs du néant! Quoi! de ces nobles jeunes gens, il ne resterait que quelques ossements sans forme et sans nom, destinés à une éternelle destruction, et c'est en vain qu'ils auraient aimé, qu'ils auraient souffert jusqu'à la mort. Oh! non, on n'arrachera pas de notre âme la foi qui fait sa force et sa joie ; la foi, mes frères, qui vous a amenés ici aujourd'hui : c'est après la mort que nous serons heureux des sacrifices et des souffrances de cette vie, et un jour, notre corps, sera associé à notre âme heureuse pour l'éternité.

Le prophète Ezéchiel nous raconte une de ces visions par lesquelles Dieu apprenait souvent l'avenir aux prophètes de l'ancienne loi : « La main de Dieu, dit-il, se reposa sur moi, et me transporta, dans une vision divine, au milieu d'une plaine couverte d'ossements. Après que l'Esprit m'eût fait parcourir ce champ lugubre, dans lequel je contemplais des ossements sans nombre blanchis par le temps : Fils de l'homme, me demanda Dieu, ces ossements revivront-ils ? — Seigneur, répondis-je, vous le savez. — Et la voix reprit : Adresse-leur la parole ; dis-leur : Ossements arides, écoutez l'ordre de Dieu. Voici ce qu'a dit l'Eternel : Mon souffle va vous pénétrer et vous vivrez; j'étendrai sur vous des nerfs comme un réseau ; je ferai croître des chairs que je recouvrirai d'une peau nouvelle ; j'inspirerai en vous l'esprit de vie, et vous ressusciterez. — Je pris la parole, continue le prophète, et je reproduisis l'ordre divin. A ma voix, un cliquetis sonore retentit parmi les ossements agités en tous sens : les os se rappochaient des os selon la juxtaposition de leurs attaches. Sous mes yeux, ils se recouvrirent de leur réseau nerveux, de chairs et d'une peau nouvelle. Mais il n'avaient pas encore l'esprit de vie, et Dieu me dit : Fils de l'homme, adresse-toi à l'esprit et dis-lui : Voici la parole du Seigneur ; esprit, accours des quatre vents du ciel, souffle sur ces morts, et qu'ils revivent ! Ma voix répéta l'ordre divin. Aussitôt l'esprit de vie pénétra ces cadavres gisants ; ils ressuscitèrent et se dressant sur leurs pieds devant moi, il m'apparurent comme une armée innombrable.

Voilà, mes frères, le spectacle qu'offrira le monde au dernier des jours, quand la terre et les abîmes de la mer rendront, sur l'ordre de Dieu, les morts que les siècles auront entassés dans leur sein ; voilà ce qui arrivera des ossements de nos soldats : leurs yeux ne sont pas condamnés à une éternelle obscurité, leur bouche à un éternel silence, leur main à une éternelle immobilité, leur cœur à une éternelle mort ; ils nous reverront un jour, ils nous parleront un jour, un jour leur main serrera notre main, et leur cœur battra de nouveau d'amour pour nous : voilà pourquoi j'appelle cette cérémonie un acte de foi, car l'honneur dont nous entourons ces ossements desséchés s'adresse moins à ce qu'ils sont en ce moment qu'à ce qu'ils seront un jour, et aux âmes qui les ont animés et sont toujours vivantes.

Elle est aussi, mes frères, un acte de reconnaissance. Nous tenons en ce moment la place de la patrie; c'est au nom de la France que nous versons nos éloges et nos prières sur ses enfants morts pour sa défense. Qu'y a-t-il de plus grand ici-bas que le sacrifice de la vie? N'est-ce pas la plus grande preuve d'amour et de dévouement que l'on puisse donner à un homme et à une cause? Eh bien! ils se sont fait tuer pour leur pays, et ils ont mérité la reconnaissance de leurs concitoyens, parce qu'ils ont été des braves et des chrétiens; des braves dans la souffrance avant de l'être dans le combat, et vous, Messieurs, leurs compagnons, qui, plus heureux, avez survécu à toutes ces souffrances et à tous ces combats, vous devez être ici associés à nos morts dans la louange, de même que vous l'avez été dans le courage. Que n'ont-ils pas souffert, en effet, pendant ce long et rigoureux hiver, triste émule de celui qui, il y a soixante ans, détruisait nos armées. Ils sortaient la plupart du foyer paternel, où ils coulaient tranquillement leur vie au milieu des joies, des douceurs, des commodités de la famille; ils ne connaissaient pas les privations, à peine la fatigue et la souffrance, et les voilà brusquement arrachés à tout ce bonheur, et jetés en d'interminables expéditions, que les soldats les plus endurcis auraient à peine supportées. Ils auraient pu, cédant à la faiblesse, laisser là leurs fusils trop lourds souvent pour leurs bras fatigués; ils auraient pu escomptant leurs fatigues, se retirer bien loin, là où l'on pouvait tranquillement vivre, manger et dormir; le devoir et l'honneur parlèrent plus haut : ils restèrent. Et qu'avaient-ils pour se soutenir au milieu de pareilles épreuves? l'espoir du succès? Pas même cela; cet espoir était depuis longtemps perdu. Mais ce qui fut sauvé, ce fut l'honneur français, et il le fut, parce que chefs et soldats, confondant dans un même patriotisme leur dévouement et leur énergie, surent souffrir, et, quand il le fallut, surent mourir, et mourir comme meurent les braves, frappés en face. Eh bien! Messieurs, un tel dévouement méritait ici-bas un acte de reconnaissance de la patrie; et de même qu'autrefois le sénat romain, après la plus épouvantable défaite, remerciait le général vaincu de n'avoir pas désespéré de la patrie, comme il l'aurait remercié de sa victoire, de même la France, en plaçant de magnifiques monuments sur les restes de ses enfants vaincus, comme elle l'aurait fait pour des vainqueurs, leur témoigne sa reconnaissance, de ce que n'ayant pu vaincre, ils ont su mourir.

Mais, Messieurs, vous avez voulu plus que cela. En associant la religion à chacune des manifestations de la reconnaissance publique, vous avez voulu témoigner que nos morts n'étaient pas de ceux qu'il suffit d'enfouir, mais qu'ils avaient mérité que leur tombeau fût entouré des splendeurs de la religion et consacré par ses bénédictions. Ils sont morts en chrétiens, je suis heureux de le proclamer ici bien haut, offrant à Dieu le sacrifice de leur vie et consacrant par la résignation et la prière les déchirements de leur cœur et les souffrances de leur corps. De cette mort aussi, Messieurs, nous devons leur être reconnaissants, car, si la mort des braves est belle devant les hommes, la mort chrétienne seule est précieuse aux yeux de Dieu.

Nous devons donc, mes frères, répondre à leurs dernières pensées, et, par nos prières, leur rendre autant que possible ici-bas le bien qu'ils nous ont fait, en nous laissant l'exemple d'une mort courageuse et chrétienne, et en offrant à Dieu pour leur patrie la vie qu'il leur demandait si subitement, et qu'ils auraient pu espérer bien longue encore : nobles exemples qui réagiront peut-être enfin contre l'égoïsme qui nous envahit et trop souvent fait sacrifier les intérêts sacrés de la patrie aux misérables satisfactions de l'amour-propre, de la cupidité et de l'orgueil.

Enfin, mes frères, nous accomplissons en ce moment un acte de patriotisme, non-seulement parce que tout acte de foi, surtout quand il est solennel comme celui-ci, est utile à la patrie, non-seulement parce qu'en honorant nos défenseurs morts, nous nous en préparons pour l'avenir, mais encore parceque nous perpétuons ainsi le souvenir de la dernière guerre. Nous sommes bien oublieux en France ; si les événements n'étaient pas écrits sur le marbre et la pierre, qui les rappellent à nos yeux, ils ne tarderaient pas s'effacer de notre mémoire.

Ce monument qui contient les corps de Français, tombés au sein de leur patrie, redira aux hommes de notre génération et des générations futures, combien le plus puissant peuple est faible, quand Dieu n'est plus sa force ; combien sont inutiles les murailles de ses forteresses, quand Dieu ne les garde pas ; combien est impuissant son courage, quand Dieu veut le châtier. Nous avions paru le comprendre, en France, après nos revers ; ils avaient été si inattendus, si complets, si extraordinaires, qu'il fallait être aveugle pour n'y pas voir le doigt de Dieu, qui frappe ceux que la prospérité égare. Voilà, Messieurs, ce qu'il faudrait ne pas oublier et ce que beaucoup oublient. Prenons garde, par ce débordement toujours croissant d'indifférence, d'impiété, de luxe et d'immoralité, de nous attirer de nouvelles et plus cruelles leçons, et je termine par un vœu qui est aussi le vôtre : puissions-nous n'avoir pas, à l'avenir, à élever, sur le sol de notre patrie, des monuments semblables à celui devant lequel nous allons accomplir une dernière cérémonie funèbre.

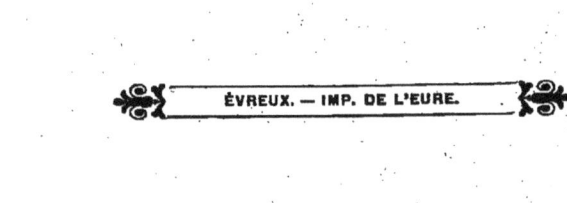

www.ingramcontent.com/pod-product-compliance
Lightning Source LLC
Chambersburg PA
CBHW060551050426
42451CB00011B/1851